MAPPATURA DEL FLUSSO DI VALORE — 4

Informazioni chiave — 4

Definizione di mappatura del flusso di valore — 7

TEORIA — 9

VSM e creazione di valore — 9

VSM e i suoi vantaggi — 12

APPLICAZIONE PRATICA — 13

Migliori pratiche – fasi — 13

Studio di caso — 19

IMPATTO — 22

Limiti e critiche — 22

Modelli ed estensioni correlate — 23

SINTESI — 26

ULTERIORI LETTURE — 28

Bibliografia — 28

Fonti aggiuntive — 29

Video — 29

MAPPATURA DEL FLUSSO DI VALORE

INFORMAZIONI CHIAVE

- **Nomi:** mappatura del flusso di valore (VSM), mappatura del flusso di materiali e informazioni.

- **Utilizzi:** questo diagramma cartaceo comprende tutti i processi produttivi e gestionali consentendo agli utenti di fare un passo indietro rispetto al flusso di lavoro attuale e di riorganizzarlo per migliorarne l'efficienza. Viene utilizzato nell'analisi del miglioramento dei processi, nell'ingegneria dei processi e per il miglioramento continuo.

- **Perché ha successo?** In alcuni settori dell'industria e dei servizi di consulenza, questo strumento di mappatura molto approfondito consente agli utenti di visualizzare e comprendere le azioni intraprese (dall'azienda o da un individuo) tra il momento in cui il cliente effettua un ordine e quello in cui riceve il prodotto o il servizio.

- **Parole chiave:**

  - <u>Miglioramento continuo</u>: aumentare le prestazioni di un'azienda incorporando regolarmente piccoli miglioramenti.

  - <u>Kaizen</u>: un approccio alla gestione della qualità attraverso il miglioramento continuo.

MAPPATURA DEL FLUSSO DI VALORE

Ridurre gli sprechi e massimizzare l'efficienza

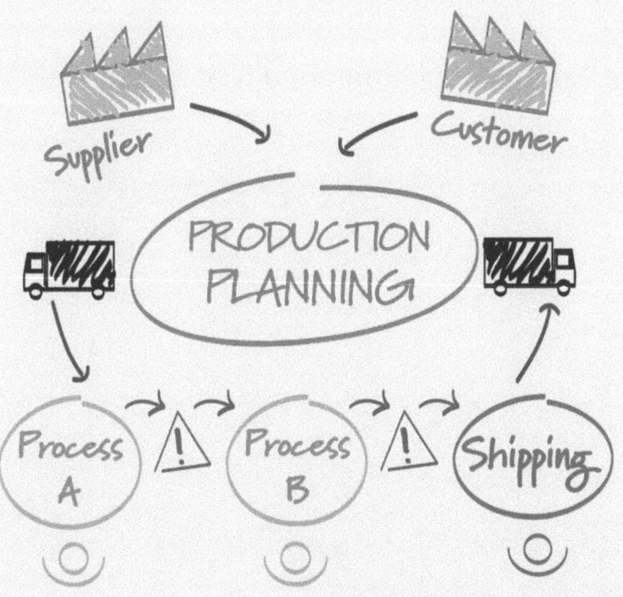

MAPPATURA DEL FLUSSO DI VALORE

Ridurre gli sprechi e massimizzare l'efficienza

scritto da Johann Dumser
tradotto par Sara Rossi

50MINUTES.com

- Lead time: il tempo necessario per produrre o realizzare qualcosa.

- Lean management: un tipo di gestione che coinvolge tutti i lavoratori e mira ad eliminare gli sprechi, le fonti di inefficienza, gli inibitori delle prestazioni e le fasi inutili del processo produttivo.

- Lean thinking: una metodologia aziendale che mira a fornire un nuovo modo di pensare. Questo tipo di gestione spinge gli utenti ad analizzare l'organizzazione delle attività umane per aumentare i profitti e responsabilizzare gli individui eliminando gli sprechi.

- Mappatura: rappresentazione del funzionamento di un'organizzazione sotto forma di diagramma.

- Catena del valore della produzione: le fasi del processo produttivo di un prodotto o di un servizio, in ordine cronologico.

- Strategie pull e push: significa suggerire un prodotto al cliente (push) o dare al cliente ciò che chiede (pull).

Che un'azienda stia attraversando un periodo di crisi o di crescita, deve sempre avere un'idea precisa del flusso dei prodotti e dei relativi canali di comunicazione. Questa riflessione deve comprendere l'intero processo di produzione di ogni prodotto, per consentirle di ottimizzare l'efficienza.

Poiché tutte le aziende, dalle startup, alle PMI alle multinazionali, mirano a massimizzare i profitti, sempre più manager adottano l'approccio lean, che prevede l'eliminazione sistematica degli sprechi nei processi produttivi.

Tutti noi possiamo riflettere sul modo in cui vengono svolte le azioni al nostro livello aziendale. Sebbene sia importante, e persino essenziale, potersi mettere regolarmente in discussione, dobbiamo essere consapevoli che spesso non è ciò che non sappiamo a causare i maggiori problemi, ma piuttosto ciò che riteniamo erroneamente vero.

Seguendo questa logica, in alcune grandi aziende internazionali sono stati implementati dipartimenti noti come Project Management Office. Il loro scopo è quello di uniformare il linguaggio utilizzato nei diversi reparti e di coordinare i progetti per favorire il miglioramento continuo. Da queste sinergie combinate e costruttive emerge un'unica metodologia: ad ogni dipendente viene chiesto di utilizzare un linguaggio chiaro e condiviso da tutti in tutte le iniziative avviate, con l'obiettivo di aumentare significativamente il valore per il cliente finale.

Per rimanere competitiva (cioè per ottenere una qualità più elevata, costi di produzione più bassi o un ciclo di produzione più rapido), un'organizzazione sceglie tra diverse tecniche disponibili. Una di queste è la mappatura del flusso di valore, che risulta essere uno degli strumenti di maggior successo della produzione snella perché utilizza un semplice diagramma per evidenziare consapevolmente le aree di miglioramento e le opportunità.

DEFINIZIONE DI MAPPATURA DEL FLUSSO DI VALORE

La mappatura del flusso di valore prevede la rappresentazione di operazioni, flussi di informazioni e processi di dati sotto forma di diagramma.

Fornisce una visione realistica delle operazioni sul campo piuttosto che di quelle definite nelle procedure aziendali. La VSM viene sempre effettuata come parte dell'analisi dei processi di un'azienda. L'analisi dei processi può essere imposta dall'alta direzione, da un direttore operativo o da un responsabile della qualità per aumentare l'efficienza, oppure può essere offerta da fornitori di servizi (come un consulente per il miglioramento) per rivelare opportunità precedentemente non identificate.

In un mondo ideale, tutte le modifiche ai processi sarebbero accompagnate da un controllo, o addirittura da una revisione se necessario, per scoprire se è opportuno modificare il flusso di lavoro.

 **I RIFIUTI SECONDO TAIICHI OHNO**

L'ingegnere e uomo d'affari giapponese Taiichi Ohno (1912-1990), considerato il fondatore del Toyota Production System, ha identificato sette fonti di spreco (*muda* in giapponese) nel suo libro *Toyota Production System: Beyond Large-Scale Production* (1988). Da allora le fonti di spreco sono diventate otto:

sovrapproduzione: ovvero una produzione effettuata prima, più velocemente o in quantità maggiori rispetto a quanto richiesto dal cliente;

inventario: che comprende le riserve di materie prime, prodotti in corso di lavorazione e prodotti finiti;

attesa: che si riferisce al tempo di attesa delle persone o dei pezzi nel corso del ciclo di produzione;

movimento: ovvero gli inutili spostamenti di persone o materiali durante il processo di produzione (movimento degli operatori);

trasporto: ovvero il trasporto inutile di persone o materiali tra i processi produttivi (movimento di oggetti);

la realizzazione di prodotti difettosi: che comprende articoli difettosi, difetti, ripetizioni e correzioni nel processo;

elaborazione extra: ovvero un'elaborazione che va oltre il livello richiesto dal cliente;

talento non utilizzato: che corrisponde a competenze mal utilizzate o non utilizzate affatto, essenzialmente a causa di una mancanza di formazione o di flessibilità del personale.

TEORIA

VSM E CREAZIONE DI VALORE

Per comprendere il concetto di VSM, possiamo iniziare a delineare le sue tre componenti: valore, flusso e mappatura.

Valore

La catena del valore è stata introdotta nel 1985 dal professore americano di strategia aziendale Michael Porter (nato nel 1947) e mira a creare un vantaggio competitivo. Si basa sull'analisi dei processi e delle procedure interne di un'azienda. In questo modo, ogni azione della catena dovrebbe portare alla percezione della creazione di valore (soddisfazione) per il cliente finale, che si traduce in un aumento del fatturato per l'azienda. Se il termine "valore" si riferisce a una stima dell'importo che i clienti sono disposti a pagare per ottenere un prodotto o utilizzare un servizio, le azioni rappresentate nella mappatura del flusso del valore possono essere descritte come "a valore aggiunto" o "non a valore aggiunto".

- Le fasi che **aggiungono valore** comprendono tutte le attività che aumentano il valore (di mercato o funzionale) del prodotto agli occhi del cliente; in altre parole, le attività per le quali il cliente è disposto a pagare.

- Le fasi che **non aggiungono valore** sono le attività che non apportano alcun valore al prodotto, il che le rende fonti di spreco. Anche se tutti i manager mirano ad eliminare queste fasi, alcune di esse non possono essere evitate (senza grandi investimenti).

L'obiettivo della VSM è identificare i processi in cui il tempo dedicato alla creazione di valore è scarso rispetto al tempo totale dedicato al lavoro (lead time). È necessario definire i miglioramenti da applicare al processo nel suo complesso per aumentare la percentuale di creazione di valore.

Flusso

La VSM riassume tutte le azioni della catena di fornitura di un prodotto o servizio, portandolo dallo stato iniziale (A) alla proposta di valore (B). È costituita da una serie di processi definiti in base a una tempistica corrispondente al lead time, ossia il tempo che intercorre tra l'avvio e l'esecuzione del processo (A-B).

Nella VSM si possono esaminare tre categorie di processi:

- **processi guida** (gestione, strategia, controllo qualità, ambiente, sicurezza, finanza e così via);

- **processi operativi** (produzione, progettazione, sviluppo, spedizione e così via);

- **processi di supporto** (acquisti, risorse umane e così via).

Mappatura

La mappatura è un modo chiaro e semplice per rappresentare visivamente il funzionamento di un'azienda (nella fabbricazione di un prodotto o nello sviluppo di un servizio). Questo strumento mira a lavorare su un insieme piuttosto che su una parte isolata. Ciò significa che l'analisi non si concentra sul livello di una macchina all'interno di una linea di produzione, ma sul livello della linea di produzione nel suo complesso.

La mappa deve essere sempre ordinata tramite icone e deve seguire determinati standard per essere comprensibile a tutti i partecipanti. È organizzata in base a tre tipi di azioni principali:

- flusso di informazioni;

- flusso di materiale;

- figure.

 **DA DOVE INIZIO?**

Il metodo prevede le seguenti fasi:

seguire il processo di fabbricazione di un prodotto, partendo dal cliente (un'esigenza) e proseguendo fino al fornitore;

rappresentare visivamente ogni azione nel flusso di materiali e informazioni;

riflettere sui punti chiave ed elaborare la futura catena del valore.

VSM E I SUOI VANTAGGI

L'utilizzo del VSM come strumento presenta diversi vantaggi:

- offre una panoramica semplice e trasversale dell'intero processo;

- incorpora tutte le informazioni necessarie per comprendere visivamente i due tipi di flusso (informazioni e materiali);

- identifica i segni e le cause dei rifiuti;

- coordina il linguaggio utilizzato per discutere il processo grazie ad icone e regole standardizzate, che facilitano il lavoro di gruppo (analisi, identificazione delle aree di miglioramento, presentazione delle idee e così via).

Più in generale, la mappatura del flusso di valore supporta la dimostrazione della creazione di valore e la risoluzione dei problemi. Stabilisce un dialogo efficiente, coerente e trasversale tra i diversi reparti di un'azienda e favorisce lo sviluppo di una cultura della perfezione.

APPLICAZIONE PRATICA

MIGLIORI PRATICHE – FASI

La VSM fa parte di un approccio DMAIC (Define, Measure, Analyse, Improve, Control), perché l'elaborazione di una mappa non è fine a se stessa: è solo la prima fase di un classico studio di miglioramento di una catena del valore.

Fase 1: Definizione della famiglia di prodotti

Prima di procedere alla mappatura del flusso di valore, è necessario scegliere una famiglia di prodotti da analizzare. Poiché le possibilità di successo del vostro approccio dipendono da questa scelta, dovrete prestarvi molta attenzione.

Per bloccare un'area di lavoro, è necessario essere consapevoli dei possibili problemi attuali e del loro impatto. Ad esempio, si può utilizzare un diagramma di Pareto (un diagramma che rappresenta l'importanza delle diverse cause di un fenomeno; l'obiettivo è quello di delineare una zona di lavoro per realizzare la VSM) o chiedere ai responsabili dei diversi reparti (come il responsabile della produzione o il direttore). Le domande principali che dovreste porvi sono:

- Quanto fatturato rappresenta questa famiglia di prodotti?

- Quali sono le perdite causate da questi prodotti?

- Quali sono le possibilità di successo della mappatura dei flussi di valore? (Non scegliete un'area troppo difficile o troppo semplice; non affrontate l'analisi di tutta la produzione della vostra azienda o, al contrario, l'analisi di un solo reparto troppo semplice).

- Qual è la strategia di produzione?

 **N.B.**

Non stupitevi se vi viene chiesto di studiare i processi di una famiglia di prodotti che genera pochi ricavi. Potrebbe rivelarsi una mossa intelligente se è responsabile di forti perdite.

Fase 2: Creazione del VSM dello stato attuale

Per creare una nuova versione migliorata della mappa della catena del valore di una famiglia di prodotti, la prima cosa da fare è farsi un'idea precisa della situazione attuale e mapparla. Come funzionano le cose ora? Chi fa cosa? Quanto tempo ci vuole? Come comunicano tra loro i diversi servizi? Quali sono le responsabilità e le caratteristiche specifiche di ogni posizione nella catena? Le diverse fasi di elaborazione della mappa sono discusse in dettaglio qui di seguito. L'obiettivo è fare il punto sui flussi di materiali e informazioni, cercare di capire il funzionamento attuale dell'officina o del reparto, calcolare i tempi di consegna e comprendere le fonti e le cause degli sprechi.

- **Fase zero: preparazione**
  - Iniziate osservando le attività della fabbrica o del servizio.
  - Raccogliete informazioni precise e aggiornate per conto della persona che desidera questo VSM. Se necessario, prendete le misure sul terreno con l'aiuto di un timer, muovendovi intorno al circuito delle materie prime e delle informazioni.
  - Iniziate il vostro itinerario dal cliente e risalite attraverso il processo di produzione. Fate un elenco dei processi strettamente legati al cliente finale, per identificare ciò che è assolutamente utile per lui.
  - Delineate una bozza a mano su un'unica facciata di carta A3 o A4.
- **Prima fase: il cliente**
  - Scrivere "cliente" nell'angolo in alto a destra.
- **Seconda fase: il processo di produzione**
  - Utilizzate l'icona del "processo" (il materiale in fase di lavorazione) e:
    - raggruppate le posizioni appartenenti a un singolo processo sotto la stessa icona;
    - includete nel riquadro sottostante le informazioni importanti sul processo (come il tempo di ciclo, il tempo di aggiunta del valore, il periodo di tempo, il tempo di cambio di produzione, il numero di pezzi all'ora, il tempo di lavoro disponibile e così via).
  - Utilizzate l'icona "stock".

- **Terza fase: il fornitore**
  - Scrivere "fornitore" nell'angolo in alto a sinistra.
  - Indicate la frequenza e la modalità di consegna (come informazioni accanto al fornitore):
    - una grande freccia indica una consegna primaria tra due fabbriche;
    - un camion (o una barca, un aereo e così via) indica la modalità di consegna.
- **Quarta fase: informazione**
  - Tracciate una linea retta per i flussi di informazioni fisiche (ad esempio per posta) o una linea a zig-zag per i flussi di informazioni elettroniche.
  - Indicare la frequenza (di invio o di trasmissione) in una casella laterale.
  - Specificare la modalità (internet, carta e così via):
    - la modalità push, che si basa sulla previsione dei fabbisogni per il processo a valle, spesso dà luogo a scorte intermedie tra i processi;
    - la modalità pull, che rappresenta una richiesta di produzione dal processo a valle al processo a monte, riduce il numero di articoli in produzione.
- **Quinta fase: la timeline**
  - Tracciate la linea sotto le caselle del processo di produzione e le icone delle scorte per calcolare il lead time, ovvero tutto il tempo impiegato per ogni

fase (corrispondente al tempo di lavorazione e il tempo di stoccaggio).

- **Sesta fase: completamento della mappatura della catena del valore**

  - Una volta completata la mappa della situazione attuale, iniziate ad analizzare e osservare le aree di spreco e a delineare i possibili miglioramenti per creare la VSM dello stato futuro a cui mirate.

Fase 3: analisi

Una volta terminata questa fase, la cosa successiva da fare è analizzare e osservare in dettaglio i flussi di materiali e informazioni, per determinare cosa funziona in modo efficiente e cosa non funziona altrettanto bene. Questa fase è particolarmente cruciale, in quanto consente di individuare gli sprechi e le aree di miglioramento. Assicuratevi di coinvolgere le persone giuste: che siano i responsabili dei servizi, i partecipanti al processo o i project manager che supervisioneranno la transizione, dovranno essere aperti ai miglioramenti e ai cambiamenti.

Questo esercizio deve essere ben preparato e ben presentato, per evitare di mettere fretta alle persone il cui lavoro è presente nella VSM. L'obiettivo è mostrare loro che è possibile rendere il loro lavoro più redditizio e creare più valore per i clienti, siano essi interni o esterni. Come regola generale, la semplice considerazione dei principali fattori di miglioramento riportati di seguito avrà un impatto sul risultato finale:

- produzione just-in-time;

- implementazione generale di un flusso continuo laddove possibile, con l'obiettivo di ridurre o addirittura eliminare le scorte, o inserimento di supermercati (scorte intermedie gestite da lotti Kanban);

- raggruppare tutte le informazioni sull'ordine del cliente in un unico processo (noto come "processo pacemaker") che guida gli altri processi.

Fase 4: Creazione di un VSM a stati ideali

Con le osservazioni e le misure pianificate, questa fase consente di tracciare una mappa delle opportunità di miglioramento individuate in precedenza. L'obiettivo finale della VSM dello stato ideale è quello di ridurre il tempo che non aggiunge valore in modo che il tempo totale sia il più vicino possibile a quello che aggiunge valore. In generale, sono necessari da tre a cinque giorni lavorativi per redigere il VSM dello stato attuale e quello dello stato ideale.

Fase 5: Definizione del piano d'azione

Per ogni cambiamento, il team responsabile del progetto organizzerà un piano d'azione. Sarà importante quantificare i benefici e le soluzioni associate (costi/risorse) per convincere il senior management delle azioni previste e garantirne l'approvazione. L'attuazione di un piano d'azione può richiedere diversi mesi o addirittura diversi anni.

Fase 6: Attuazione

Una volta approvato il budget, effettuata la gestione del rischio e fermata l'organizzazione, è il momento di mettere in atto il piano. Questo include lo sviluppo, l'accettazione, la formazione dei dipendenti e la gestione del cambiamento.

Raccomandazioni

Ci sono due aree principali a cui prestare particolare attenzione: l'organizzazione del team e la metodologia.

Se la VSM non è ben compresa, si perderà tempo.

STUDIO DI CASO

Ci concentreremo sullo stato attuale della VSM dell'azienda fittizia Forest LPC, che produce mobili. La famiglia di prodotti che stiamo studiando per questo esercizio è quella degli sgabelli.

Prima fase: il cliente

- Il cliente è posizionato nell'angolo in alto a destra.

Seconda fase: Il processo di produzione

- Questa fase comprende quattro processi: verniciatura, assemblaggio, imballaggio e spedizione.

- Accanto a ciascun processo si trovano le postazioni di lavoro e le informazioni importanti (tempo di ciclo, tempo di cambio o modifica di una macchina per produrre un altro prodotto, turni e così via).

* Vengono compilate anche le scorte intermedie in ogni fase.

Terza fase: Il fornitore

* Il fornitore è indicato nell'angolo in alto a sinistra.

* La consegna settimanale viene effettuata con un camion.

Quarta fase: Informazione

* Le previsioni settimanali della domanda vengono inviate dal cliente all'azienda via e-mail.

* Gli ordini vengono trasmessi al fornitore via fax.

* Per ogni posizione interna all'azienda viene fornito un programma settimanale.

* I flussi informativi e fisici (o materiali) sono quindi chiaramente rappresentati.

Quinta fase: La linea del tempo

* Sotto le caselle del processo di produzione e le icone delle scorte viene aggiunta una linea temporale.

* Il processo ha un lead time di 19 giorni e un tempo di elaborazione di 365 secondi.

Sesta fase: Completamento del VSM

La mappatura della situazione attuale è quindi terminata. È ora il momento di analizzarla, osservare le aree
di spreco e individuare i possibili miglioramenti.
Possiamo elencare le seguenti fonti di miglioramento
inserendole nel diagramma, che ci permetterà di prepa-
rare la mappa della situazione target:

- basare la pianificazione sugli ordini settimanali dei
  clienti anziché sulle previsioni;

- creare un sistema pull per la pianificazione della produzione;

- creare un supermercato poco prima dell'inizio della
  pittura;

- eliminare i rifiuti dalla pittura;

- combinare i processi di imballaggio e spedizione.

IMPATTO

LIMITI E CRITICHE

Oltre ai suoi numerosi vantaggi, la mappatura del flusso del valore presenta alcuni limiti.

- **Possibili errori nella stesura della mappa.**

  - Possono verificarsi errori dovuti alla raccolta, alla trascrizione o all'analisi non corretta dei dati. Per evitarlo, è necessario ricorrere ad esperti in grado di esaminare la situazione in modo obiettivo e a team multidisciplinari.

  - Prestate sempre attenzione a ciò che state analizzando, perché alcuni processi non hanno bisogno di essere rivisti.

- **È solo uno strumento.** La mappatura del flusso di valore non è fine a se stessa; rivela i problemi dell'azienda, aiuta gli utenti a riflettere e, soprattutto, dovrebbe portare all'azione. Non ha senso analizzare se non si mette in atto un piano d'azione! Assicuratevi di non impantanarvi nella fase di analisi. Inoltre, se diversi gruppi stanno lavorando a progetti lean, è necessario coordinarli bene per ottenere il meglio da tutti i progetti.

- **Trascurare gli aspetti umani e sociali.** La VSM è uno strumento tecnico che si occupa solo degli aspetti fisici, delle interazioni e della guida dei flussi. Non incorpora le dimensioni sociali, umane e organizzative, che sono comunque molto importanti in un progetto lean. Questa tendenza è ancora più marcata nel settore industriale, dove i manager sono molto concentrati sull'aspetto tecnico e meno inclini a pensare alle questioni umane.

- **Uso restrittivo di simboli standardizzati.** I simboli esistenti possono ostacolare la ricerca di soluzioni innovative. Tuttavia, l'innovazione è sempre più necessaria per le aziende che cercano di rimanere competitive.

MODELLI ED ESTENSIONI CORRELATE

DMAIC

Il modello DMAIC (Define, Measure, Analyse, Improve, Control) è un approccio strutturato che consente agli utenti di risolvere i problemi. Fornisce al team di miglioramento continuo una base di cinque fasi su cui lavorare. In questo potente metodo di gestione snella dei progetti, la fase di definizione è fondamentale.

- Definire: identificazione dell'oggetto di studio e descrizione dell'obiettivo del lavoro che il team deve svolgere.

- Misura: raccolta di informazioni per completare la mappa dei processi e definizione degli indicatori di performance per monitorare efficacemente il progetto.

- Analizzare: identificazione delle cause dei problemi e analisi delle loro fonti.

- Migliorare: suggerimento di soluzioni, pianificazione di azioni, attuazione delle misure scelte.

- Controllo: confronto tra gli effetti attesi e i risultati ottenuti dopo l'implementazione delle soluzioni, comunicazione sul progetto, revisione per trarre conclusioni.

Produzione snella

Questo noto metodo per eliminare gli sprechi richiede una certa intelligenza collettiva per ottenere risultati convincenti: i team che lavorano a questo progetto lean devono essere motivati, coordinati e determinati a trovare soluzioni. I cinque elementi chiave sono:

- la definizione del valore aggiunto dal punto di vista del cliente;

- l'identificazione della catena del valore in relazione alle diverse fasi della produzione;

- particolare attenzione ai flussi, assicurandosi che le fasi di creazione del valore aggiunto non vengano interrotte;

- flussi di acquisto, dando priorità agli ordini dei clienti piuttosto che alle previsioni;

- perfezione fissando obiettivi ambiziosi e introducendo una dinamica di miglioramento continuo.

Kaizen

Kaizen in giapponese significa "miglioramento continuo" e si basa su piccoli miglioramenti introdotti quo-
tidianamente, con la partecipazione e lo sforzo di tutte
le persone coinvolte nel processo.

Il Kaizen non porta immediatamente a risultati spetta-
colari perché viene introdotto lentamente, ma spesso si
rivela molto più efficace nel lungo periodo. Si può
contrapporre all'innovazione, che richiede grandi investimenti e comporta cambiamenti improvvisi.

SIPOC

Questo strumento di modellazione prevede la stesura
di una tabella generale del macro funzionamento di un
determinato processo. Il diagramma SIPOC (Suppliers,
Inputs, Process, Outputs, Customers) permette di definire i limiti del macro processo, di riassumere gli input
e gli output e di identificare i fornitori e i clienti. Ma
attenzione: rappresenta solo i flussi di materiale.

SINTESI

- Il VSM è lo strumento chiave della produzione snella. Ha lo scopo di individuare le fonti di spreco nella catena del valore per una determinata famiglia di prodotti.

- Oggi la VSM è utilizzata in tutti i settori dell'industria perché risponde all'esigenza universale e crescente di ridurre i costi di produzione.

- È una buona idea iniziare una trasformazione snella con la mappatura del flusso di valore. È necessario conoscere non solo le diverse fasi, ma anche le migliori pratiche per garantire una chiara visione d'insieme delle procedure che compongono un'azienda.

- La VSM dello stato attuale e dello stato ideale fa parte di un metodo di miglioramento continuo. Questo metodo viene utilizzato non solo per descrivere la situazione attuale, ma anche per immaginare e stabilire una situazione futura più efficiente, più reattiva, meno costosa e più coordinata. Il diagramma dei flussi di informazioni e materiali consente agli utenti di affrontare due questioni contemporaneamente: la riduzione degli sprechi e il miglioramento delle condizioni di lavoro.

- Il contesto dell'organizzazione intorno al progetto è essenziale per garantirne il successo. I team multidisciplinari, che includono persone il più possibile vicine al territorio, e il fermo impegno della dirigenza sono fattori chiave in questo approccio al cambiamento.

- Infine, è importante essere consapevoli dei limiti di questo metodo. In particolare, la VSM non si concentra sull'analisi degli aspetti sociali, psicologici e organizzativi.

- Il VSM è uno dei metodi più utilizzati grazie alla sua facilità d'uso e all'efficacia nell'ispirare gli utenti a riflettere.

ULTERIORI LETTURE

BIBLIOGRAFIA

Davis, J. (2006) *Lean Manufacturing*. New York: Industrial Press.

Fouque, F. (2009) *À la découverte du Lean Six Sigma*. Mions: Édition Fouque.

Hohmann, C. (2009) *Tecniche di produttività. Come guadagnare punti di performance per i manager e gli impiegati*. Parigi: Éditions Eyrolles.

Hohmann, C. (Senza data) Lean Enterprise. *Christian. Hohmann.fr*. [Online]. [Accessed 26 July 2017]. Disponibile da: < http://christian.hohmann.free.fr/index.php/lean-entreprise>

Istituto Lean Enterprise. (Senza data) Cos'è il Lean? *Lean. org*. [Online]. [Accessed 26 July 2017]. Disponibile da: < https://www.lean.org/whatslean/>

Ohno, T. (1988) Il *sistema di produzione Toyota: Oltre la produzione su larga scala*. New York: Productivity Press.

Porter, M. E. (1985) *Vantaggio competitivo: Creare e sostenere prestazioni superiori*. New York: Free Press.

Rother, M. e Shook, J. (1999) *Imparare a vedere*. New York: Productivity Press.

Subramaniam, A. (2010) VSM - Attualità e futuro: Come massimizzare il flusso complessivo? *SlideShare*. [Online]. [Accessed 26 July 2017]. Disponibile da: < https://fr.slideshare.net/anandsubramaniam/vsm-current-future>

Womack, J. P. e Jones, J. T. (1996) *Lean Thinking*. New York: Free Press.

FONTI AGGIUNTIVE

Sito web di Conceptdraw: http://conceptdraw.com/samples/quality-VSM

Sito web di Marris Consulting: http://www.marris-consulting.com/

Sito web di Strategos: http://www.strategosinc.com/

VIDEO

Il Gruppo Karen Martin. (2014) *Mappatura del flusso di valore: Casi di studio.* [Online]. [Accessed 26 July 2017]. Disponibile da: < https://www.youtube.com/watch?v=ZPNq5k24vgY&feature=youtu.be>

Vogliamo sapere da voi!
Lasciate un commento sulla vostra biblioteca online
e condividete i vostri libri preferiti sui social media!

Master ISBN: 9782808064699
ISBN cartaceo: 9782808064989
Deposito legale: D/2022/12603/85

Design digitale: Primento,
il partner digitale degli editori.